# ¡Al bate!
## Historia del
# béisbol

TIME FOR KIDS

**Dona Herweck Rice**

## Asesor

**Timothy Rasinski, Ph.D.**
Kent State University

## Créditos

Dona Herweck Rice, *Gerente de redacción*

Robin Erickson, *Directora de diseño y producción*

Lee Aucoin, *Directora creativa*

Conni Medina, M.A.Ed., *Directora editorial*

Stephanie Reid, *Editora de fotos*

Rachelle Cracchiolo, M.S.Ed., *Editora comercial*

Basado en los escritos de *TIME For Kids*.

*TIME For Kids* y el logotipo de *TIME For Kids* son marcas registradas de TIME Inc. Usado bajo licencia.

### Teacher Created Materials

5301 Oceanus Drive
Huntington Beach, CA 92649-1030
http://www.tcmpub.com

**ISBN 978-1-4333-4488-6**

© 2012 Teacher Created Materials, Inc.
Printed in China
YiCai.032019.CA201901471

# Tabla de contenido

# De entrada

Toma un bate, una pelota, un guante y un día cálido de verano. Combina los ingredientes y el resultado es: ¡béisbol!

## ¿De entrada?

"De entrada" es un juego de palabras. Significa "para comenzar", pero hace referencia a una de las partes de un juego de béisbol (la entrada) para tener un doble sentido.

Sin embargo, el béisbol no es algo que siempre ha existido. ¿Quién inventó el juego? ¿Quién escribió las reglas? ¿Quién fue el primero en usar un uniforme y un guante? ¿Quién conectó el primer jonrón y cuándo se jugó la primera Serie Mundial? Sabemos las respuestas a varias de estas preguntas. Sin embargo, otras son desconocidas y en algunas sólo podemos conjeturar.

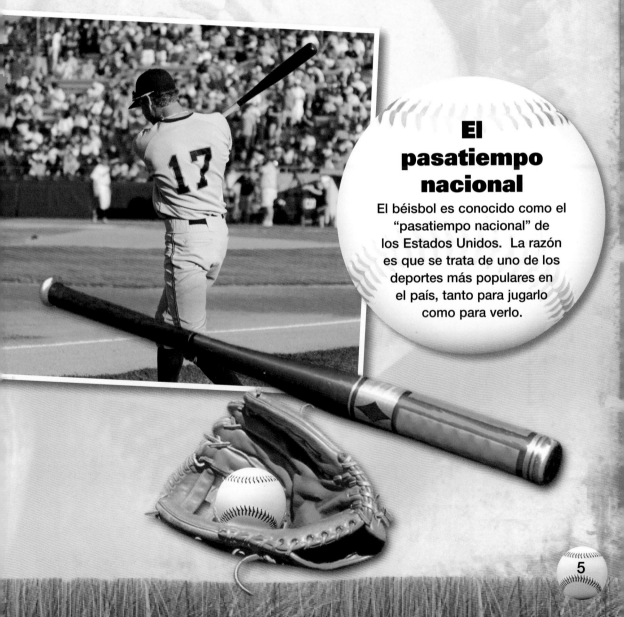

## El pasatiempo nacional

El béisbol es conocido como el "pasatiempo nacional" de los Estados Unidos. La razón es que se trata de uno de los deportes más populares en el país, tanto para jugarlo como para verlo.

niños jugando béisbol
de Ligas Pequeñas

La verdad, hasta donde sabemos, es que los juegos con palos, pelotas y bases se han jugado durante siglos. Al parecer, el béisbol evolucionó de manera natural a partir de ellos. No fue inventado por una sola persona. La mayoría de la gente cree que se derivó de dos juegos ingleses: **rounders** y **cricket**. Ya a principios del siglo XVIII se jugaban variantes de estos juegos.

adultos jugando cricket profesional

## Antes del béisbol

Cricket es un juego con muchos aspectos similares al béisbol. El cricket se juega al aire libre, con once jugadores por equipo. Se usan bates, una pelota y wickets, los cuales son blancos parecidos a palos.

En la actualidad, las personas por lo general creen que Abner Doubleday inventó el béisbol. Hay una razón. Cuando Doubleday murió, un señor llamado Abner Graves afirmó que había visto a Doubleday inventar el juego en 1839. Aseguró que Doubleday construyó el primer diamante de béisbol en un terreno de la ciudad de Cooperstown, Nueva York.

## Abner Doubleday

Doubleday tal vez no haya inventado el béisbol, pero fue un gran hombre. Después de graduarse de la academia militar West Point en 1842, inició una distinguida carrera militar. Incluso llegó a ser un general de brigada con honores.

Abner Doubleday
(1819–1893)

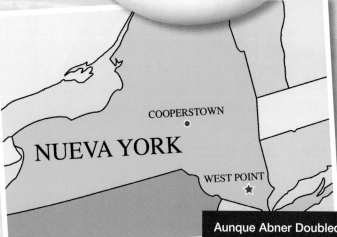

COOPERSTOWN

NUEVA YORK

WEST POINT

Aunque Abner Doubleday no inventó aquí el béisbol, Cooperstown es considerada la ciudad natal de este deporte.

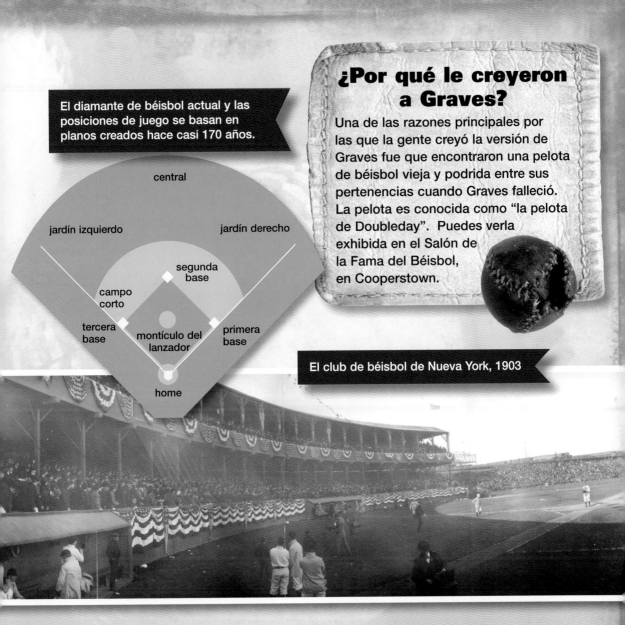

El diamante de béisbol actual y las posiciones de juego se basan en planos creados hace casi 170 años.

central

jardín izquierdo

jardín derecho

segunda base

campo corto

tercera base

montículo del lanzador

primera base

home

## ¿Por qué le creyeron a Graves?

Una de las razones principales por las que la gente creyó la versión de Graves fue que encontraron una pelota de béisbol vieja y podrida entre sus pertenencias cuando Graves falleció. La pelota es conocida como "la pelota de Doubleday". Puedes verla exhibida en el Salón de la Fama del Béisbol, en Cooperstown.

El club de béisbol de Nueva York, 1903

El problema con esta versión es que, en 1839, Doubleday era **cadete** de la academia militar West Point. No estaba en Cooperstown y definitivamente no tenía tiempo para el béisbol. Además, Doubleday dejó muchos diarios cuando murió. En ninguno de ellos se menciona el béisbol. Un artículo enciclopédico sobre Doubleday, escrito en 1911, tampoco menciona el béisbol.

Es probable que un señor de nombre Alexander Cartwright haya hecho por el béisbol lo que se atribuyó a Doubleday.

Por supuesto, para tener un verdadero juego en el que todos puedan jugar de la misma manera sin importar adónde vayan, debe existir un conjunto de reglas **estándares**. En 1845, un equipo **aficionado** de Nueva York decidió escribir las reglas del béisbol. Es entonces cuando comienza el resto de la historia del béisbol.

En todo el mundo, los niños se divierten jugando béisbol y otros juegos similares.

## La primera mención del béisbol

En la literatura, la primera vez que se mencionó el béisbol fue en una novela clásica de Jane Austen, titulada *Northanger Abbey*. Fue escrita en 1798, pero no fue publicada hasta 1817. La heroína de la novela, Catherine Moreland, afirma que le gustaba "el cricket, el béisbol y montar a caballo" cuando era niña.

Alexander Cartwright

## ¿Cómo lo sabemos?

Robert Henderson, un bibliotecario de la ciudad de Nueva York, hizo mucho para demostrar que Cartwright fue uno de los inventores del béisbol. Nos relata todo acerca del trabajo de Cartwright en su libro de 1947, *Bat, Ball and Bishop*. El 3 de junio de 1953, el Congreso estadounidense usó las investigaciones de Henderson para designar a Cartwright, en lugar de Abner Doubleday, como "fundador" del béisbol.

Alrededor del mundo, la gente usa pelotas y bates de diferentes tamaños para jugar béisbol.

# Las reglas

En 1842, un grupo llamado los Knickerbockers de Nueva York comenzó a reunirse para jugar béisbol. Eran jóvenes **profesionales** a quienes les gustaba el juego. En 1845, formaron el Knickerbocker Baseball Club y decidieron escribir las reglas del béisbol. Encabezados por Daniel L. "Doc" Adams, eso fue precisamente lo que hicieron. Ahora, todas las personas que jugaban béisbol podían hacerlo de la misma manera.

Las reglas del béisbol han cambiado un poco con el paso del tiempo, ¡y siguen cambiando! En ésta y las siguientes páginas se presentan algunos de los cambios más importantes a las reglas del béisbol.

Los Knickerbockers de Nueva York ya no existen, pero de no haber sido por las aportaciones de este equipo al béisbol, es probable que los equipos actuales tampoco existieran.

# Cronología de las reglas

| 1845 | 1857 | 1860 | 1864 | 1864 | 1870 | 1876 |
|---|---|---|---|---|---|---|
| El jugador debe sujetar la pelota al tocar a un jugador para ponerlo fuera. (Antes de esta regla, el corredor era puesto fuera si era golpeado por una pelota lanzada.) | Un juego dura nueve entradas. El equipo ganador será el que tenga más **carreras** al terminar las nueve entradas. | Las líneas de **foul** se marcan con cal. | Un corredor debe tocar todas las bases al circularlas. | Para ser puesto fuera, una pelota que ha sido golpeada debe ser atrapada sin que toque el suelo. | Un corredor puede correr más allá de la primera base. | Un árbitro puede solicitar la opinión de los espectadores o del público si no alcanza a ver una jugada. |

## Cartwright y los Knickerbockers

Alexander Cartwright formaba parte del comité de los Knickerbockers que escribió las reglas del béisbol. Fue él quien hizo el primer diagrama del campo de juego. El nombre Knickerbocker también fue sugerencia de Cartwright. Lo tomó del Cuerpo de Bomberos Knickerbocker, donde había sido voluntario.

## Las primeras reglas

Las primeras reglas modernas del béisbol comprendían dos equipos de nueve jugadores cada uno. Jugaban en un "cuadrado de béisbol", con una base en cada esquina. La base del bateador se llamaba "home". Los bates podían ser de cualquier tamaño o forma. El bateador era puesto fuera con tres **strikes** o si la pelota era atrapada al primer bote o sin que tocara el suelo. Había tres *outs* por equipo en una entrada. Los corredores podían ser tocados para **forzar un out**. Cada equipo tenía el mismo número de turnos al bate. El equipo ganador era el primero en anotar veintiún *ases*, el nombre original de las carreras. Se designó que un **árbitro** sería el juez que tomaría las decisiones finales durante el juego.

| 1879 | 1880 | 1881 | 1882 | 1887 | 1889 |
|------|------|------|------|------|------|
| El lanzador debe estar de frente al bateador al lanzar la pelota. Un árbitro debe declarar todos los lanzamientos como strikes, bolas o fouls. | Si un corredor es golpeado por una pelota bateada, queda out. | Los espectadores que abucheen o insulten al árbitro pueden ser retirados de las tribunas. Si se batea un foul, un corredor en base no puede ser tocado y puesto fuera al volver a la base. | Los árbitros ya no podrán pedir su opinión a los espectadores o jugadores. | Si un jugador es golpeado por un lanzamiento, podrá avanzar a la primera base. | Un jugador caminará (es decir, avanzará a la primera base) con cuatro bolas malas en vez de cinco. |

Las reglas del béisbol todavía están cambiando. La seguridad es muy importante, así que los oficiales analizan los bates, pelotas y cascos nuevos para asegurarse de que sean seguros. También se esfuerzan mucho para que el juego sea justo para todos los jugadores.

## El primer juego

El primer juego de béisbol con las nuevas reglas del cual se tiene registro tuvo lugar el 7 de octubre de 1845, en los Campos Elíseos de Hoboken, Nueva Jersey. Los dos equipos estaban formados por integrantes de los Knickerbockers. El primer juego verdadero de béisbol entre dos equipos distintos fue el 19 de junio de 1846. Los Knickerbockers de Nueva York jugaron contra el Club de Nueva York. Los Knickerbockers perdieron, 23-1.

# Cronología de las reglas

| 1891 | 1895 | 1898 | 1901 | 1908 | 1910 |
|------|------|------|------|------|------|
| Podrán efectuarse cambios de jugadores, pero un jugador sustituido no podrá volver al juego. | El bate debe ser redondo y de madera. El árbitro puede cancelar el juego si los espectadores se comportan de manera revoltosa. En este caso, el equipo visitante será declarado ganador, 9–0. | Los corredores podrán **robarse** las bases. Si el pitcher hace un movimiento de lanzamiento en dirección a una base, deberá lanzar la pelota o será castigado con un **balk**. | Los dos primeros fouls de un bateador son considerados strikes. | Los lanzadores no podrán raspar o ensuciar una pelota nueva. | Las pelotas de béisbol tienen centros de corcho. |

## ¡Oye, árbitro!

Una de las muchas tradiciones del béisbol es, al parecer, las discusiones entre jugadores y árbitros. La primera discusión registrada entre un jugador y un árbitro ocurrió en 1846. ¿Quién ganó? El árbitro, por supuesto.

| 1920 | 1949 | 1952 | 1959 | 1968 | 1974 |
|------|------|------|------|------|------|
| Un corredor no podrá correr por las bases en sentido contrario para confundir al otro equipo. | El 21 de diciembre, se emitió un nuevo libro de reglas. Las reglas en esencia son las mismas, pero se han corregido las partes confusas. | Los juegos diarios tienen cuatro árbitros. | Al construirse un nuevo parque de pelota, la barda de los jardines debe estar a una distancia mínima de pies del diamante. | El montículo del lanzador es diez pulgadas más alto que el home y las líneas de base. | A un lanzador relevista se le concede un salvamento si protege la ventaja de su equipo. |

# Equipados para jugar

En la actualidad, el uniforme es parte importante del béisbol. Como puedes ver, los uniformes han cambiado con el paso del tiempo. Los Knickerbockers fueron el primer equipo en usar uniformes en 1849. Estaban hechos de lana y eran de color azul y blanco.

Al principio, las gorras de béisbol eran de paja. En la década de 1850, los Knickerbockers eligieron un sombrero de lana con visera para proteger los ojos del jugador de la brillante luz del sol.

No fue sino hasta 1875 que comenzó a usarse el guante del receptor. En 1962, se estableció un tamaño estándar para los guantes.

**1901
Cy Young**

**1907
Harry Wright**

**1940
Ted Williams**

## Números retirados

Uno de los mayores honores para un jugador es que su número sea retirado por un equipo. Esto significa que ningún otro jugador del equipo volverá a usar ese número.

Los primeros uniformes con números fueron los utilizados en 1907 para el equipo Reading Red Roses, de Pennsylvania. El propósito de los números era ayudar a los espectadores a identificar a los jugadores.

Los primeros tacos de los zapatos de béisbol se usaron a fines de la década de 1860. En 1976, se añadieron reglas referentes a los tacos al libro de reglas oficiales.

Es peligroso ser golpeado por una pelota. Por eso, en 1971, las ligas acordaron que todos los jugadores deberían usar casco al batear. En 1988, se ordenó que los receptores también lo usaran.

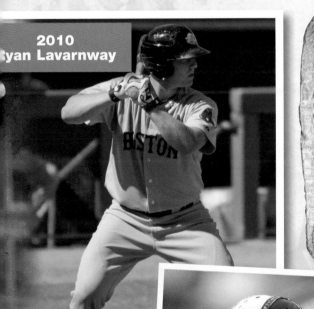

2010
Ryan Lavarnway

## Colores y telas

En los primeros días del béisbol, los equipos que se consideraban caballerosos y de clase alta no usaban el color rojo brillante. También por esta razón escogieron la lana para sus uniformes. Aunque el algodón era más barato y cómodo, era un material que a mediados del siglo XIX sólo se usaba para la ropa de los trabajadores, no para la vestimenta de las clases "respetables".

## Gorras de la suerte

Cuando los jugadores voltean las gorras, para que el interior quede hacia fuera, lo hacen como amuleto. Usan las "gorras de la suerte" cuando su equipo necesita remontar el marcador para ganar el juego.

# A cada quien su liga

Aunque el béisbol siempre ha sido un deporte divertido, no siempre ha sido justo para todos. Durante muchos años, los afroamericanos no podían jugar en las ligas profesionales. La liga profesional de mujeres sólo duró unos cuantos años.

Jugadoras de la Liga Profesional Femenina de Béisbol de Estados Unidos posan en sus uniformes para un retrato de la liga en 1945.

Las jugadoras de la liga profesional femenina tenían que usar faldas cortas. Debían correr, saltar, atrapar y deslizarse con esos imprácticos uniformes. La gente pensaba que la liga no sería refinada si las mujeres llevaran pantalones.

Las mujeres jugaron béisbol profesional de 1943 a 1954. Durante la Segunda Guerra Mundial, cuando muchos hombres estaban combatiendo, se formó la Liga Profesional Femenina de Béisbol de Estados Unidos (*All-American Girls Professional Baseball League*). Eran mujeres tenaces y la liga fue bastante popular. Durante su existencia, más de 600 mujeres atletas jugaron béisbol profesional. La liga se desintegró cuando cambió de directivos.

## Las ligas actuales

Hoy en día, muchos países tienen ligas mayores de béisbol. Las ligas más grandes y rentables son las de Estados Unidos: la Liga Nacional (que nació en 1892) y la Liga Americana (que inició oficialmente en 1901). Otros países con ligas de béisbol son Australia, Austria, Bélgica, Canadá, Colombia, Corea del Sur, Cuba, Finlandia, Francia, Holanda, Irlanda, Italia, Japón, México, Nicaragua, Panamá, Reino Unido, República Dominicana, Singapur, Suiza, Taiwán, Venezuela y Vietnam.

En los primeros días del béisbol, los jugadores blancos y afroamericanos jugaban juntos. Sin embargo, en la década de 1890, comenzó a extenderse por las ligas un acuerdo no escrito para excluir a los jugadores afroamericanos. Las únicas razones de esto eran el odio y el temor. Por supuesto, muchos atletas afroamericanos eran de los mejores jugadores de béisbol de su época. Para que pudieran jugar, se formó la Liga Nacional para Negros (*Negro National League*).

Los primeros equipos formados exclusivamente por jugadores afroamericanos surgieron en la década de 1880. A principios del siglo XX, comenzaron a tener más éxito. Finalmente, en la década de 1920, Andrew "Rube" Foster organizó la Liga Nacional para Negros. Después se formaron otras ligas negras.

Moses "Fleetwood" Walker fue el primer jugador negro en las ligas mayores, antes de que excluyeran a los jugadores negros.

Andrew "Rube" Foster fue la fuerza creadora de la Liga Nacional para Negros, creada en 1920.

## Un gran negocio

En sus mejores épocas, las ligas negras fueron uno de los más grandes y exitosos negocios propiedad de afroamericanos.

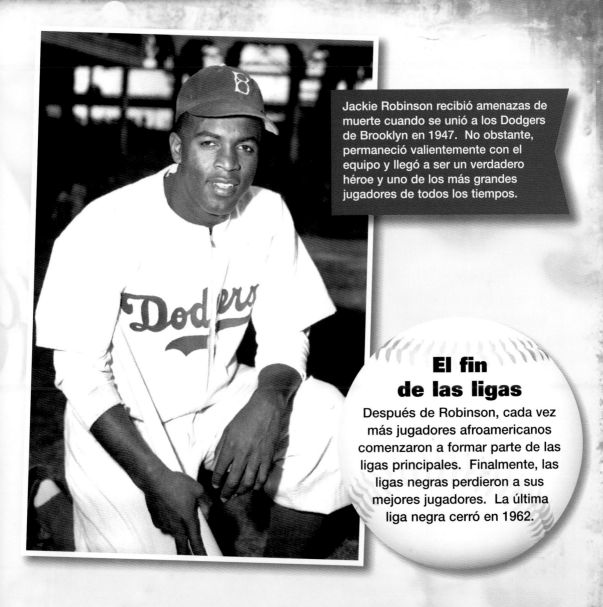

Jackie Robinson recibió amenazas de muerte cuando se unió a los Dodgers de Brooklyn en 1947. No obstante, permaneció valientemente con el equipo y llegó a ser un verdadero héroe y uno de los más grandes jugadores de todos los tiempos.

## El fin de las ligas

Después de Robinson, cada vez más jugadores afroamericanos comenzaron a formar parte de las ligas principales. Finalmente, las ligas negras perdieron a sus mejores jugadores. La última liga negra cerró en 1962.

Las ligas negras continuaron con éxito hasta que se rompió la **barrera** del color en el béisbol. Esto ocurrió cuando Jackie Robinson, un sobresaliente jugador de las ligas negras, comenzó a jugar para los Dodgers de Brooklyn en 1947. Ese año, los Dodgers conquistaron el **banderín** de la Liga Nacional y Robinson fue nombrado Novato del Año de la liga.

# La Serie Mundial

Por lo general, los momentos más grandes del béisbol ocurren el mes de octubre. En ese mes se juega la Serie Mundial, entre los campeones de la Liga Nacional y la Liga Americana. En la actualidad, los campeones de las Series Mundiales deben ganar cuatro de siete juegos. Antes eran ocho. La primera Serie Mundial se jugó en 1903. Boston venció a Pittsburgh, cinco juegos a tres.

Uno de los momentos más populares en la historia de la serie ocurrió en el 2004, cuando los Medias Rojas de Boston ganaron su primera serie mundial desde 1918. Según la **leyenda**, el gran jugador, Babe Ruth, puso un maleficio sobre los Red Sox cuando dejó el equipo para jugar con los Yankees de Nueva York. Los fanáticos dicen que el maleficio se rompió cuando los Medias Rojas vencieron a los Yankees para conquistar el campeonato de la Liga Americana y avanzaron para triunfar en la Serie Mundial.

## Más triunfos

El equipo con más victorias en la Serie Mundial son los Yankees de Nueva York. Hasta el 2004, tenían 24 triunfos. El segundo equipo con más victorias es el de los Cardinales de San Luis, con nueve. El equipo con más tiempo sin ganar la Serie Mundial es los Cachorros de Chicago, que lograron su último triunfo en 1908.

Los Medias Rojas se recuperaron de una desventaja de tres juegos para vencer en el campeonato de la Liga Americana, 2004. Ningún equipo que perdía tres juegos a cero había logrado remontarse para triunfar en una serie de campeonato.

En la Serie Mundial de 1988, Kirk Gibson, de los Dodgers de Los Ángeles, bateó un jonrón en la novena entrada para ganar el juego. Ese triunfo alentó a los Dodgers y ganaron la serie.

## Los Medias Negras

Muchas personas aseguran que el peor momento en la historia de la Serie Mundial ocurrió en 1919. Fue entonces cuando ocho jugadores de los Chicago White Sox, o Medias Blancas de Chicago, fueron acusados de recibir dinero para **arreglar los partidos** de la serie ante los Rojos de Cincinnati. Aunque los jugadores fueron declarados inocentes del crimen, fueron suspendidos de por vida del béisbol. Debido a este escándalo, el equipo de 1919 se conoce como los Black Sox o Medias Negras.

Don Larsen lanzó el único juego perfecto en la historia de la Serie Mundial, ayudando a los Yankees a ganar la serie de 1956, cuatro juegos a tres.

# Ligas Pequeñas

El béisbol no es sólo para adultos. A los niños de todas partes les encanta el juego. Por esta razón, Carl Stotz inició las Ligas Pequeñas en 1939, en la ciudad de Williamsport, Pennsylvania.

En las Ligas Pequeñas, los equipos juegan entre sí para aprender sobre el béisbol, practicar el **espíritu deportivo** y competir en busca de campeonatos. Al final de cada temporada, un equipo de los Estados Unidos y un equipo del resto del mundo compiten en la Serie Mundial de las Ligas Pequeñas. Los Maynard Midgets, de Williamsport, fueron los primeros campeones de la Serie Mundial de Ligas Pequeñas.

En un principio, sólo los niños podían jugar en las Ligas Pequeñas. A partir de 1974, se permitió que jugaran también las niñas. En 1990, se creó la División Challenger para niños discapacitados. Hoy en día hay miles de equipos de Ligas Pequeñas, en treinta y nueve países. Puede jugar cualquier niño que lo desee.

Miles de jugadores de Ligas Pequeñas han llegado a las Grandes Ligas, entre ellos varios jugadores del Salón de la Fama, como George Brett, Steve Carlton, Gary Carter, Rollie Fingers, Jim "Catfish" Hunter, Jim Palmer, Nolan Ryan, Mike Schmidt, Tom Seaver, Don Sutton, Carl Yastrzemski y Robin Yount.

En 1947, Allen "Sonny" Yearick se convirtió en el primer ex jugador de Ligas Pequeñas en jugar béisbol profesional, al unirse a los Bravos de Boston.

En 1950, se formaron las primeras Ligas Pequeñas fuera de Estados Unidos, en Panamá.

En 1950, un niño de nueve años, de nombre George W. Bush, comenzó a jugar en las Ligas Pequeñas. Años después, fue el primer ex jugador de Ligas Pequeñas en ser presidente de los Estados Unidos.

## ¿Lo sabías?

La canción beisbolera, "Take Me Out to the Ballgame" (Llévame al juego), es una de las canciones más populares de los Estados Unidos. La letra fue escrita en 1908 y la música poco tiempo después. Lo más sorprendente es que los dos hombres que escribieron la canción nunca habían ido a un juego de béisbol.

Cada año se juega la Serie Mundial de Ligas Pequeñas en Williamsport, Pennsylvania.

# Grandes del béisbol

¿Quiénes son algunos de los más grandes jugadores en la historia del béisbol? Cada persona tiene su propia opinión, pero la mayoría de la gente coincide en que los cinco jugadores que aquí se mencionan están entre los mejores que han jugado este deporte.

**Babe Ruth**—Ruth fue uno de los más grandes bateadores de jonrones de todos los tiempos. Tuvo los récords de más jonrones en una temporada y durante su carrera. Conquistó doce veces el título de más jonrones en la Liga Americana, bateó 50 o más jonrones en cuatro temporadas, ganó seis títulos de carreras impulsadas (**RBI**) y tuvo un **promedio de bateo** de .342 durante su carrera.

**Cy Young**—Young fue un gran lanzador. El premio que cada año se otorga al mejor lanzador fue bautizado en su honor. Fue estrella en la primera Serie Mundial y tuvo marcas de 511 victorias, 7,356 entradas lanzadas y 749 juegos completos durante su carrera. Jugó 22 temporadas.

## Salón de la Fama

El Salón de la Fama Nacional del Béisbol abrió en Cooperstown, Nueva York, en 1939, para honrar las personas importantes del béisbol. Los cinco jugadores votados en el Salón de la Fama primero eran Ty Cobb, Babe Ruth, Honus Wagner, Walter Johnson y Christy Mathewson. En la actualidad, más de 250 nombres han sido añadidos, además de artículos tal como la pelota que Babe Ruth bateó para su 500.° jonrón. Canadá y Cuba también tienen salones de la fama.

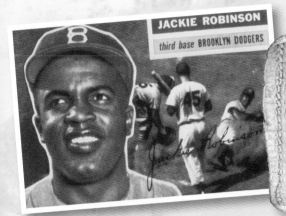

JACKIE ROBINSON
third base BROOKLYN DODGERS

# Tarjetas de béisbol

En las tarjetas de béisbol aparece la fotografía del jugador y sus estadísticas. Las primeras tarjetas aparecieron en 1887. La colección de tarjetas de béisbol ha sido un pasatiempo popular durante muchos años. Hoy en día, incluso puede ser un gran negocio.

**Hank Aaron**—Uno de los más grandes bateadores de jonrones, "Hammerin'" Hank jugó durante 23 temporadas y conectó 755 jonrones, el récord que aún persiste. Durante su carrera también tuvo 3,771 hits, anotó 2,174 carreras, impulsó 2,297 carreras y tuvo un promedio de bateo de .305. Fue seleccionado para jugar en 25 **Juegos de las Estrellas**, más que cualquier otro jugador.

**Ted Williams**—Williams jugó 22 temporadas en total, con una interrupción de cuatro años cuando combatió en la guerra. Conquistó dos títulos **MVP**, o jugador más valioso, y seis títulos de bateo de la Liga Americana, tuvo 2,654 hits durante su carrera, bateó un promedio de .344, fue invitado 19 veces al Juego de las Estrellas y conectó 521 jonrones.

**Willie Mays**—Algunas personas afirman que Mays era lo más cercano a la perfección como jugador de béisbol. Se le considera el mejor jardinero central de todos los tiempos y fue un excelente corredor de bases. Fue invitado a 24 Juegos de las Estrellas. Su promedio de bateo a lo largo de 22 temporadas fue de .302. Bateó 3,283 imparables y 660 jonrones.

# Los primeros

En el béisbol, hay muchas primeras ocasiones memorables. ¿Quién fue el primero en robarse una base? ¿Quién bateó el primer **grand slam** o "jonrón con las bases llenas?" ¿Quién fue el primer comentarista en decir, "¡Se va, se va, se fue!" al volar un jonrón por encima de la barda? En la cronología que aparece en la página siguiente se presenta la primera vez en que ocurrieron éstos y otros hechos importantes.

# Cronología de los primeros del béisbol

| | |
|---|---|
| Eddie Cuthbert es el primero en robarse una base. | 1865 |
| Un árbitro dice "Play ball" por primera vez. | 1876 |
| Ross Barnes batea el primer jonrón oficial. | 2 de mayo de 1876 |
| George Bradley lanza el primer juego sin hit. | 15 de julio de 1876 |
| Los jugadores por primera vez usan guantes de béisbol. | 1876 |
| Se elabora el primer calendario para que los fanáticos sepan cuándo jugará su equipo. | 1877 |
| Roger Connor batea el primer grand slam oficial. | 10 de sept. de 1881 |
| Se presenta el primer caso de corrupción en el béisbol cuando un árbitro hace trampa para alterar el resultado de un juego. | 1882 |
| Moses Walker es el primer jugador afroamericano en jugar en un partido de ligas mayores. | 1 de mayo de 1884 |
| Se juega el primer partido de Serie Mundial entre la Liga Americana y la Liga Nacional. | 1903 |
| Se transmite el primer juego por radio. | 5 de agosto de 1921 |
| Harry Hartman es el primer comentarista en decir "¡Se va, se va, se fue!" | 1929 |
| Tiene lugar el primer juego nocturno. | 24 de mayo de 1935 |
| Lou Gehrig es el primer jugador cuyo número es retirado. | 1939 |

# Glosario

**aficionado**—una persona que realiza un trabajo pero no recibe remuneración por él

**árbitro**—el oficial de un juego de béisbol

**arreglar un partido**—perder intencionalmente

**balk**—un movimiento ilegal del lanzador, en el que demuestra la intención de lanzar la pelota pero no lo hace

**banderín**—el campeonato de una liga

**barrera**—un muro u obstrucción

**cadete**—un estudiante de una escuela militar

**carrera**—un punto anotado al cruzar home a salvo después de pasar por todas las bases

**cricket**—un juego similar al béisbol, en el que se utilizan bates, una pelota y wickets (blancos en forma de palos)

**espíritu deportivo**—un comportamiento bueno y justo al practicar un deporte

**estándar**—algo establecido o acordado

**forzar un out**—lograr un out porque no hay una base a la que pueda llegar a salvo el jugador

**foul**—ocure cuando una regla se rompe

**grand slam**—un jonrón con las bases llenas, de manera que se anotan cuatro carreras

**Juego de las Estrellas**—un juego anual en el que participan los mejores jugadores, según el voto de los aficionados

**leyenda**—una historia que pasa de generación en generación y que muchas personas creen cierta, aunque no puede demostrarse su veracidad

**MVP**—el jugador más valioso

**profesional**—una persona que realiza un trabajo y recibe un pago por ello, en particular un trabajo que requiere entrenamiento o educación especial

**promedio de bateo**—un número que indica cuántas veces un jugador batea un hit en relación con el número de turnos al bate

**RBI**—las siglas en inglés que indican el número de carreras impulsadas, es decir, el número de carreras que se acreditan a un bateador cuando los jugadores en base, inclusive el propio bateador, anotan gracias a un hit

**robarse**—ocurre cuando el lanzador está a punto de lanzar la pelota y un jugador que está en una base avanza a la próxima base antes de que se atrape

**rounders**—un juego inglés similar al béisbol

**strike**—un lanzamiento bueno que el bateador no intenta batear o que intenta batear y no logra conectar

# Índice

# Acerca de la autora

Dona Herweck Rice creció en Anaheim, California, y se graduó de la Universidad de California del Sur con un título en inglés y de la Universidad de California en Berkeley con una credencial para la enseñanza. Ha sido maestra desde el preescolar hasta el décimo grado, investigadora, bibliotecaria, directora de teatro, y ahora es editora, poeta, escritora de materiales para maestros y escritora de libros para niños. Es casada, tiene dos hijos y vive en el sur de California.